I0142214

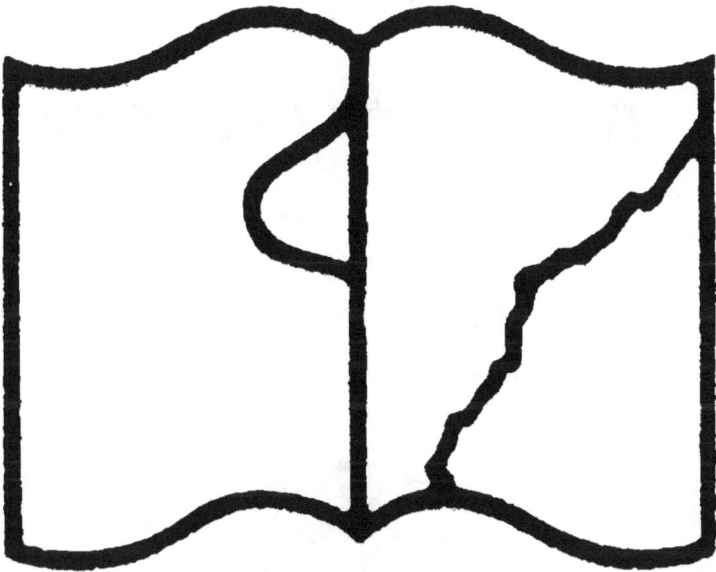

8° Yf
296
(5)

THÉATRE DE L'INFANTERIE DIJONNOISE

DÉPOT LÉGAL
CÔTE-D'OR
N° 140
188?

LES NOPCES

DE BONTEMPS

avec la Bourgōgne

EN 1636

PIÈCE INÉDITE

attribuée à Etienne Bréchillet

A DIJON

CHEZ DARANTIÈRE, IMPRIMEUR

65, Rue Chabot-Charny, 65

1887

LES

NOPCES DE BONTEMPS

AVEC LA BOURGÕGNE

8ᵉ
296 (5)

JUSTIFICATION DES TIRAGES :

100 exemplaires sur papier vergé teinté

  5   —   —   du Japon

  3   —   —   de Chine

LE MONDE EST PLEIN DE FOUS ET QUI N'EN VEUT PAS VOIR
DOIT SE TENIR TOUT SEUL ET CASSER SON MIROIR

CHARIOT DE
L'INFANTERIE DIJONNOISE

THÉATRE DE L'INFANTERIE DIJONNOISE

LES NOPCES
DE BONTEMPS
avec la Bourgōgne
EN 1636

PIÈCE INÉDITE
attribuée à Etienne Bréchillet

SPES IN LABORE

A DIJON

CHEZ DARANTIERE, IMPRIMEUR
65, Rue Chabot-Charny, 65

1887

PRÉFACE

A bibliothèque de Dijon possède un manuscrit portant ce titre : « *Nopces de Bontemps avec la Bourgogne, le 25 février 1636.* » C'est de ce manuscrit même, semble-t-il, que le bibliophile Jacob a dit : « Pièce sans distinction d'actes ni de scènes, en français et patois bourguignon. Dans ce dialogue, adressé au duc d'Enghien, les Bourguignons seuls s'expriment dans le patois de leur province, mais la Bourgogne personnifiée parle français, ainsi que Bontemps (1), qui termine (la pièce) en disant :

> Que ce Prince face l'amour
> A la Bourgogne, ma maistresse,

_____

(1) Il y a encore deux autres personnages qui usent de la langue française : un chicaneur et un soldat fanfaron. Nous en parlons plus loin.

> Qu'il la baise, qu'il la caresse,
> Et la possède quelque jour. »

Ainsi parle le bibliophile Jacob, tandis qu'un autre amateur (celui-ci bourguignon), sur une petite feuille placée en tête du manuscrit, s'exprime ainsi : « Le Ms. de M. Duxin, intitulé *Nopces de*, etc., » me paroit être une suite de la pièce françoise et bourguignonne qui a pour titre : *Retour de Bontemps*, dédié à M^r le Prince, et représenté par l'Infanterie dijonnoise, le 3 octobre 1632. Ce sont à peu près les mêmes interlocuteurs.

« Le 25 février 1636 est signalé dans notre histoire locale par l'arrivée à Dijon du duc d'Enghien.

« Tout ce que j'en ai pu déchiffrer dénote que ce Ms. n'a pas en lui-même beaucoup d'intérêt par le style et par les idées ; mais il n'est pas moins très précieux comme monument du langage bourguignon au commencement du xviie siècle, etc. »

Cette note n'est revêtue d'aucune signature ; seulement, au bas, on lit : « *Perrigny, 30 septembre 1847.* »

Il est quelque peu surprenant qu'un amateur n'ayant pu déchiffrer pour de bon le manuscrit, se prononce aussi absolument sur le peu de valeur du style et des idées de l'ouvrage, surtout quand cet ouvrage, ainsi qu'on le croit, a pour auteur *Etienne Bréchillet*, l'un des meilleurs poètes patoisant de l'époque. Pour nous, il nous a semblé que cette pièce ou dialogue, comme on voudra, comporte autant d'idées et de sel bourguignon que ceux qui ont été conçus avant et après 1636. On va en juger.

Parlons d'abord du principal personnage, à savoir de Bontemps.

Bontemps est un de ces êtres légendaires qu'on retrouve un peu partout au moyen âge. La tradition s'en est conservée précieusement en Bourgogne, en sorte que, sous ce nom et dans ce même personnage, s'est abrité le peu de joie et de bonheur que chacun portait en soi et comptait voir se réaliser à brève échéance. Bontemps, par conséquent, ne peut mourir. Quand il n'est plus là, c'est qu'il dort, ou bien qu'il voyage au loin ; mais il se réveillera, mais il reviendra ; on le verra apparaître pour jamais, un jour ou l'autre : tant l'espoir du bonheur est vivace au cœur de l'homme ! Les anciens avaient symbolisé l'Espérance sous les traits d'une jeune et gracieuse déesse

tenant en main une fleur qu'elle offre aux pau-
vres mortels. Ce symbole est plus près de la
réalité que le personnage de Bontemps, type
que les poëtes bourguignons ont continuelle-
ment produit aux yeux de la foule dans des
compositions aux titres significatifs : *Réveil
de Bontemps, Retour de Bontemps, Nopces de
Bontemps,* etc. Le malheur est que cet excel-
lent père Bontemps se trouve sans cesse mis
en fuite par les guerres, les famines, les pestes,
et tout le cortège des fléaux qui escortent
l'humanité. N'importe ! s'il disparaît, il n'en
reste pas moins vivant, et bon vivant, et le
Bourguignon est assuré qu'il n'est qu'endormi
en quelque coin sous terre, ou bien qu'il fait
un voyage à travers le monde comme une
sorte de Juif-Errant. En définitive, il doit se
marier avec la Bourgogne et se fixer dans ce
pays. Avec cet être saturnien va commencer,
ou plutôt recommencer, le grand siècle de
l'âge d'or. Ses *nopces* en seront le signal : *re-
deunt Saturnia regna !* C'est le règne du père
Bontemps qui arrive ! Evohé !

Mais qui facilitera les voies à ce nouveau
Saturne, fils de Bacchus et père des *Fessourou ?*
qui lui permettra, le jour du retour, le *nosti-*

mon émar après lequel aspire Ulysse dans Homère ? Ne cherchez pas hors de France ; tournez seulement les yeux du côté du gouverneur de la Bourgogne. Oui, ce sont les Condés qui doivent repousser les ennemis et consolider la paix, d'où le bonheur ; leur vaillante épée est là pour cet office. Voilà tout le fond du sujet autour duquel le poète mettra force broderies.

C'est donc, en apparence, une pastorale ; et, çà et là, on en trouve quelques bribes ; mais, on le sait, le but réel poursuivi par l'*Infanterie dijonnoise*, bien que masqué, en certain cas, c'était de lancer des traits satiriques et des brocards contre les gens, surtout contre les femmes et le mariage. Les deux vignerons, qui sont en scène ici, n'y manquent pas. Examinons maintenant si la satire est commune et si le style ne vaut pas mieux, comme le prétend l'amateur anonyme cité plus haut.

Tout d'abord nous concédons ce point, à savoir que le français en est fort médiocre. Cette remarque doit s'étendre à tous les petits poèmes bourguignons, et non pas seulement à celui-ci. Aimé Piron lui-même est un pauvre poète, quand il veut contraindre la muse des *Barôƶai* à parler le *jantais*. Donc nous ne citerons rien de la tirade que la Bourgogne adresse à M⁷ le Duc au début du dialogue. Mais voici les deux *Fessourou* qui entrent en scène. Ils ont entendu la déclaration d'amour faite par la Bourgogne au Duc ; ils s'en montrent scandalisés, car celle-ci doit être toute à Bontemps. Ils pensent qu'elle a une pointe de folie amoureuse, comme cela arrive aux femmes quand le temps est venu de soupirer. Ils sont résolus à s'opposer à une union qui leur rappelle celle de ces sottes,

Qui s'an von forray ay l'essotte
(*Qui se vont mettre à l'abri*)
D'in mairi qui ne loz à ran
(*D'un mari qui ne tient pas à elles*)
En depey de tô lo paran.
(*En dépit de toute leur famille.*)

Bontemps les apaise et leur montre toute l'impertinence de leurs propos ; aussitôt les vignerons de s'excuser. Comme, en punition de leur irrévérence, Bontemps leur dit : « Noyons la faute dans les pots ! » nos deux compagnons jubilent et l'un d'eux invite Bontemps à leur raconter par quelle aventure il se trouve lié avec le duc d'Enghien. A peine a-t-il achevé son récit par le mot de Bourgogne, qu'aussitôt l'un des vignerons s'écrie :

> O Bontan, lou daigne paÿ
> Por bé boire et se réjouÿ !
> Bachu, vétu d'éne jaiquôte,
> Baise Venonge ai lay pinsôtte ;
> Lay tarre en tote lay sason
> Y épainche son recorson !
> Lou rapay rigôle en riveire
> Por regaillardy nos jarbeyre,
> Quan lou rasin a-t-ébaitu.
> O Bontan, que n'y venoo-tu (1) !

Si ce n'est pas là de la poésie, et de la meilleure, alors n'en parlons plus. Fermons de suite tous les livres bourguignons, et ne *pairô-lon* plus que jantais. Mais, comme il n'en est rien, poursuivons. Bontemps se hâte de répondre : « J'y venois, mais... tous les monstres des Enfers m'ont arrêté au passage... » Enfin, ce grand prince à qui le sort

> Attache ma vie et ma mort
> Me garde avec tant de tendresse

---

(1) « O Bontemps, le digne pays pour bien boire et se réjouir ! Bacchus, vêtu d'une veste légère, y baise Vendange à la pincette, et la Terre, en toute saison, y épanche tout ce qu'elle tenait dans sa jupe retroussée. Le vin y coule en rivière afin

Qu'en se chargeant de mon soucy
Il me vient marier icy
A la Bourgogne, ma maistresse.

A ces derniers mots on pense la belle sortie
que font les compères contre le mariage :

Quan on s'écreuche au mairiaige,
Quan on se veu bôttre en manneige,
Ai fau retrecy le goulon !
Lé dignay ne son pu si lon !

Adieu, les bons et plantureux morceaux ! Le
rôti, les beignets, les crêpeaux ! On est en dan-
ger de boire de l'eau et de voir en face de soi
une femme qui grogne et des enfants qui
crient ! Ainsi se poursuit le tableau pour finir
par cette recommandation : « Ah ! Bontemps,
n'allez pas mêler votre soupe avec celle d'une
mauvaise femme ! » — Il est trop tard, réplique le père Bontemps ; j'ai donné ma foi à
vostre Nimphe :

« Le Prince m'a joinct avec elle
Par une alliance éternelle. »

------

de rendre gaillards nos gosiers, quand la cueillette
du raisin est faite. O Bontemps, que n'y venais-
tu ! »

Il ne s'agit donc plus que de penser au festin :

> « Maintenant songeons à la table
> Et à ce repas délectable.
> Vous, mes amys, mes confidens,
> Allez faire affiler vos dens...
> Du vin tout par-dessus la teste ! »

Ce n'est plus qu'un chant d'enthousiasme de la part des vignerons : Apprêtons nos mâchoires ! Faisons la guerre aux poulaillers ! En avant grils et lardoires ! Ça, ça, des hâtes ! Qu'on embroche les dindons qui se prélassent au soleil et s'épanouissent sur les fumiers ! Et aussi, qu'on barde les perdrix ! Et qu'on ait la poule au riz ! — Que le pain blanc ouvre la marche !...etc. Mais, voici un passage qui sera un jour imité par Aimé Piron :

> Qu'ay l'y o de cé gelinôte,
> Et de cé petite bétôte
> Qu'on épote devé lou tar
> Emmaillôlé dedan dou lar...
> De cé oséà ay lon visaige
> Ay qui on fay pissé dou groo...
> De cé béte qui on si hate
> Qu'i on poû de demouré cor
> Quan lé caingne corre aipré lor.

On voit que l'auteur savait très bien manier

la périphrase. La Fontaine, en nous montrant
son Héron « au long bec, » est-il aussi plaisant
que Bréchillet avec ses oiseaux *au long visage ?*
Et notre fabuliste dépeindra-t-il mieux les
lièvres qu'ils ne le sont ici : ces bêtes si em-
pressées de se sauver parce qu'elles ont toujours peur de demeurer court quand les chiens
se lancent sur leur piste ? Tout cela, il faut
l'avouer, est fort bien dépeint.

Reste à savoir qui sera de la noce ; qui
« *locheray aivô no lé play?* » comme dit l'un
des Bourguignons. Naturellement tout le cortège de la Mère-Folle doit en être. Alors commence, à l'accoutumée, l'énumération des fous
de toute espèce : fous avares qui,

> Tôt éfauti, mainge dé rogne ;
> Qui on dé zécu si tré dogne (*dignes*)
> Qu'ay n'y oze potai lay mein
> Que por lé bôttre en parchemein ;

fous vaniteux, qui *rogne lô morcea* (qui se pri-
vent de manger).

> Aifin de grandi lô mantea, etc. ;

fous, genre badaud, qui roulent sans cesse sur
le pavé de Dijon et ne saluent personne. L'un

des deux vignerons fait à ce sujet cette remarque :

> Ç'a que lé bono de cé béte
> Son anraicinay dan lo téte.

A quoi Bontemps ajoute cette réflexion :

> Ils ne lèvent point leurs chappeaux
> De peur d'éventer leurs cerveaux.

On songe, ici, involontairement au *Régiment
de la Calotte* qui se constituera à Paris au commencement du xviiie siècle et qui aura tant
de points de ressemblance avec l'*Infanterie* de
Dijon. Les *Calotins* seront coiffés d'une calotte
de plomb afin que le peu de cervelle (qui est
en chacun de nous), ne vienne pas à s'évaporer
chez eux. C'est par là, sans doute, qu'ils s'esti-
ment moins fous que le reste des hommes
qu'ils critiquent.

Mais, voici les fous orgueilleux. Leur sot
orgueil vient de ce qu'ils sont quelque chose
tout récemment, car « *de devan hier* » ils
n'étaient rien ; maintenant ils font « *si tré-
tan lé fier* » qu'ils se promènent tout à
travers la ville, « *roide comme dé guille.* »

Mais il est temps de passer aux femmes, à ces jeunes folles, — *cé friquette*

> Qui por vonay de lai civette,
> Quan elle l'on maingé lo so (*leur soûl*),
> Se fon bottre en lo potuso (1)
> De l'ambre gry, dan dé clisteire
> Po déponaizy lo meiteire (2).

Mes gaillards vignerons, si Bontemps ne leur coupait la parole, continueraient encore : mais, c'est le moment de faire « *ronflai lou rateley;* » la table « d'un visage doux — Ouvre les bras et nous invite. » — « Je m'y oppose », dit un personnage qui entre en scène ; c'est M. le *Chicquaneur.* Lui aussi parle français, mais un français qui pue l'école et la procédure, d'où un certain comique dont nous ne goûtons

---

(1) Se font mettre en leur *pertuis.* — Potuso, de *potu,* trou. Pris absolument, *potu,* c'est le derrière.

(2) *Déponaizy,* dépunaiser, désinfecter. On connaît le sens du mot *punais* en français. Ainsi, quand ces *Friquettes* lâchent quelques *flatus* par le bas, cela fleure ambre et benjoin ! Nos élégantes vont-elles jusque-là aujourd'hui ? Le petit dieu *Crepitus* sort-il tout parfumé de leur *alkatim,* comme dit maître François ?

plus guère le sel. — Ce personnage est daubé
par les Barôzai, qui se demandent :

> N'a-ce poin un de cé réjan,
> De cé zésorfantou (*épouranteurs*) de jan
> Qui pote dé petiote paule (1)
> Aivô quey lé deu mein ay paule ?
> N'a-ce poin de cé bricolou
> Aussi fin que lé gaibelou, etc.

N'est-il pas un de ceux qui reviennent de
leur collége « *Aivô dé téte de lieige*, » où il
n'y a le plus souvent que du vent ? Eh ! Eh !
cette critique-là serait peut-être encore de
mise de nos jours. Ils continuent à lui lancer
des brocards jusqu'à l'entrée du soldat mata-
more, vrai *Miles gloriosus* de la comédie ro-
maine. Ce fanfaron vante ses prouesses imagi-
naires en français. Bontemps se moque de lui
en le régalant de compliments outrés :

> Ce chevalier de haut parage
> Moult preux, moult vaillant et moult sage
> . . . .
> A qui nul chevalier ressemble
> Car il est lui seul, tout ensemble,
> Ogier, Olivier, Rodomon,
> Et tous les quatre fils Aymon ! etc.

---

(1) Qui portent des petites pelles (palettes) avec
lesquelles ils frappent les deux mains (des éco-
liers).

2

A leur tour les deux Bourguignons se raillent finement de ce pourfendeur de montagnes, qui s'écrie :

> Enfin ma vertu sans seconde
> Brave le ciel, la terre et l'onde !

Alors Bontemps met le holà :

> Tout beau, soldat de Triquenique,
> Et vous aussi, Monsieur Prattique.

La paix faite, on chante une chanson à boire, dont le refrain est :

> Ce que lou barro (*baril*) pisse !

Ainsi finit la comédie, si l'on néglige les souhaits et compliments d'usage tirés au dernier moment comme des feux d'artifice.

Maintenant, nous le demandons une dernière fois, en quoi cette pièce est-elle inférieure aux autres, même à celle de 1623 qu'on trouve dans du Tillot, et que personne, jusqu'ici, n'a songé à malmener ? Après comparaison, nous inclinerions pour les *Nopces de Bontemps*, comme préférables, et de beaucoup.

J. D.

LES NOPCES DE BONTEMPS

1636

PERSONNAGES :

La Bourgogne,
Bontemps,
Deux Bourguignons (1),
Un Chiquaneur,
Un Soldat.

*La scène se passe à Dijon (2) en présence de
Mgr le duc d'Anguien.*

(1) Ce sont deux vignerons. Dans toutes les
pièces, les *Barôzai* seuls parlent le bourguignon.
Il n'est pas difficile de comprendre pourquoi.

(2) Les personnes au courant de la littérature
bourguignonne savent que ces sortes de pièces,
qui ne représentent pas une action fictive, mais
actuelle (c'est leur différence première avec les
comédies ordinaires), étaient représentées par
l'infanterie dijonnaise, en pleine rue, sur l'un des
Chariots de la Mère Folle.

LES NOPCES DE BONTEMPS

1636

LA BOURGOGNE

Elle s'adresse à M^{er} le Duc.

Grand Prince, pour qui je souspire,
Cher nourisson d'un sacré sang,
Jeune Soleil, qui, en naissant,
Echauffes tout ce grand empire,
Que tu as différé longtemps
A me ramener mon Bontemps !...

. . . .

Rends nostre couche bienheureuse !
Viens reposer dedans mon sein :
Bontemps s'accorde à ce dessein
Et t'offre sa Nimphe amoureuse...

. . . .

Que mon désir se rasasie !
Viens, que je m'abandone à toy !

Bontemps, assuré de ma foy,
N'en prendra point de jalousie (1).

1ᵉʳ BOURGUIGNON

Ha, ha ! *vequi* de no quaiboche !
Ha, *vequi* (2) de cé téte soche
Vou l'aimor trôte et mai lou feu
Aussi too que lo tan á meu (3).

2ᵉ BOURGUIGNON

Je croy, compeire, mon aymin,
Que, si je n'i bôton lay mein,
Elle feray cômme cé sotte
Qui s'en von forray ay l'esotte

---

(1) Comme c'est le patois qui nous intéresse, nous supprimons une partie des vers français : ils sont pour nous sans valeur.

(2) Le texte porte *Voi* ; si l'on conservait ce mot, les deux vers n'auraient pas grand sens et de plus ils ne seraient que de sept syllabes au lieu de huit.

(3) Aussitôt que le temps est mûr, c'est-à-dire quand le temps d'aimer est venu, les femmes sentent en elles l'amour qui trotte et met le feu dans leurs têtes sèches. Cette épithète de *sèche* s'entend par comparaison avec du bois sec qui s'enflamme vite. La Bourgogne est considérée par les vignerons comme atteinte du mal d'aimer parce qu'elle s'offre au duc.

D'ein mairi qui ne lo za ran
En depey de tô lo pairan.

BONTEMPS

Tout beau, amys ! ce saint aspect
Ne vous tient-il point en respect ?
Offencerez-vous ma maistresse ?

. . . .

Enfans rudes et insensez,
Vous-mesmes vous vous offensez :
Cette pucelle est vostre mère, etc.

1ᵉʳ BOURGUIGNON

Hela, peire Bon Tan, padon !
Et si j'aivon palé de carre (*de travers*),
Je son proo de boisé lay tarre.

2ᵉ BOURGUIGNON

Je son tô pro de révaulay
Ce que (1) j'aivon mau pairôlay.

----

(1) Nous sommes prêts à ravaler (avaler de nouveau, par conséquent *retirer en nous*) les expres-
sions que nous avons mal dites. — En français :
Nous sommes prêts à retirer nos paroles bles-
santes.

1ᵉʳ BOURGUIGNON

Et si may gueule envérimée (*envenimée*)
Ay my de feur (*dehors*) quelque rimée
Qui vos o tan fay ribolay (1)
Lés euillot, qui m'on fay grullay,
Enfin que, mazeu, ran ne borge...

2ᵉ BOURGUIGNON

Dé broqueréà dedan no gorge (2).

BONTEMPS

Ouy, je vous reçois à mercy,
Puisque vostre humeur sans soucy
A faict ce pesché sans malice

. . . .

Noyons la faute dans les pots !

_____

(1) S'il est sorti de ma bouche quelques rimes qui vous aient fait rouler, d'une façon terrible, les yeux, lesquels yeux m'ont fait trembler, afin que, désormais, rien ne coule (*borger*, c'est proprement *verser*)... (Je mets plusieurs points après *borge*, la phrase restant interrompue.)

(2) Le 2ᵉ Bourguignon, dans sa précipitation à achever l'idée commencée par son compagnon, oublie le verbe : *nous mettrons...* des bondons (morceaux de bois qui servaient de bouchons aux brocs) dans nos gorges, c'est-à-dire nous ne parlerons plus.

1ᵉ BOURGUIGNON

S'on no pugny comme celay,
Je velon tôjor mau palay.

2e BOURGUIGNON

Palon ! — Peire Bon Tan, pranture,
No conteray cete (1) ayvanture.

BONTEMPS

Ce ne sera pas sans soupirs !...
Vous apprendrez qu'au premier aage
Je fus engendré du Destin
Dans les couches d'un vieil festin
Qu'on célébroit à l'assemblée
Des nopces du père Enée.....
L'Abondance estoit ma maistresse ;
Mais l'Orgueil, les Soins, la Tristesse,
L'Injustice, la Trahison,
S'emparèrent de ma maison.
La paix fust ainsi escartée ;
L'Innocence fust arrestée,...
Réduit dans les derniers abois,
Je rencontre dedans un bois

---

(1) *Cete* est peut-être une faute ; *ses* aventures
s'entea.'. it mieux.

3

Un vieil et (poullieux ?) yvrongne,
Pasle, défiguré, mourant,
Et qui m'a dit, en souspirant :
Mon maistre se sauve en Bourgongne !

Ier BOURGUIGNON

O Bon-Tan, lou daigne paÿ
Por bé boire et se réjouÿ !
Bachus, vétu d'éne jaiquôte,
Baise Venonge ay lay pinsôte !
Lay tarre en tote lay saison
Y épainche son recorson (1) !
Lou Rapay rigôle en riveire
Por regaillardy nos jarbeyre,
Quan lou rasin a-t ébaitu :
O Bon-Tan, que n'y venoo-tu !

---

(1) Le *recorson*, c'est le cotillon relevé, *rac-courci* (recorsi, d'où recorson). Les femmes des champs, ainsi retroussées, avaient l'habitude d'utiliser le pli intérieur de la jupe qui présentait comme une vaste poche régnant tout autour d'elles, en sorte qu'elles y entassaient des provisions de toute sorte. Cérès ou la Terre est représentée dénouant son *recorson*, dans chaque saison, afin de combler de biens les Bourguignons.

BONTEMPS

J'y venois, mais dans le passage
….. tous les monstres des enfers
Me chargèrent de tant de fers
Qu'on eust pris, dans ce mal extresme,
Bontemps pour la tristesse mesme…
Mais ce grand prince, à qui le sort
Attache ma vie et ma mort,
Me garde avec tant de tendresse
Qu'en se chargeant de mon soucy,
Il me vient marier icy
A la Bourgogne, ma maistresse.

2e BOURGUIGNON

Quey ? Bon-Tan se veu colloquay !
Peire Bon-Tan se veu blocquay ?

1er BOURGUIGNON

Faire ay l'arjan (1) et ez esquelle
Ayvoô éne de cé-z-oquelle
Bon-Tan ne seray pu contan (bis).

_____

(1) Le texte est difficile à lire. Le vigneron me parait dire : « Avoir affaire à l'argent et aux écuelles, avec une de ces hoquelles, Bontemps ne sera plus content. » Ici commence la description des ennuis du ménage : soucis d'argent, soucis de la nourriture, et le reste. *Hoquelle* ou *Oquelle*

2ᵉ BOURGUIGNON

Quan on s'écreuche au mairiaige,
Quan on se veu bôttre en manneige (*ménage*),
Ay fau retrecy le gaulon (*le morceau qu'on avale*);
Lé dignay (*les repas*) ne son pu si lon !
Dou ro (*rôti*) on s'en vay au larrance (*lard rance*),
De lai depense ai lay depance (1).

1ᵉʳ BOURGUIGNON

Ay lay taule (*table*) on demeure cor,
Et ce qui a de peire encor
Le quesan (*souci*) antre au rogevaule (2)
Aivô ce pecho qu'on évaule.

2ᵉ BOURGUIGNON

Pu de bugno, pu de craipéâ !
En doingé de boire de l'éà

---

est un mot bien bourguignon; il signifie *querel-leur*, *chicaneur*, etc.; mais il s'applique surtout aux femmes. Piron l'a employé dans son *Compliman dé vaigneron de Vougeot*.

(1) Ce vers roule sur un jeu de mots, que je crois être celui-ci : on dépense, et cependant la pance se vide, c'est-à-dire que tout en dépensant beaucoup, la bourse se vide et la pance ne se remplit pas, comme auparavant.

(2) Ce mot doit signifier ici l'*intérieur*, le gosier, partie qui *remue* (roge) et par où l'on *avale* (évaule).

Et de bôttre en hazar say trongne
D'écôtai (*d'entendre*) éne fanne qui grongne!

1er BOURGUIGNON

Aivoy to le jor mille mau,
Etre aivô dé bréyo, dé niau
Qui, lai neu, quan ai se revoille
Ay fon enreigé les oroille!

2e BOURGUIGNON

Etre iqui lay téte en lai main
En étandan qu'i soo demain,
Lay caiboche aussy tô s'anrote
Et lay sarvelle s'ancharbotte.

1er BOURGUIGNON

N'osay to maingé en in jor!
Faire deu foy d'ein oo de por!
Bon-Tan, ne maule pa tay sope
Aivô *stay* (1) d'éne envelope (2)!

---

(1) Au lieu de *stay*, il serait plus correct de lire *setay* ou *stelay* ; du moins le vers aurait ses huit syllabes.
(2) Traduction : « N'oser tout manger en un jour! Faire deux fois d'un os de porc! Bontemps,

BONTEMPS

S'en est faict, j'ai donné ma foy,
Et vostre Nimphe, comme moy,
M'a aussi engagé la sienne, etc.

LA BOURGOGNE (*elle s'adresse au Duc*)

Autheur de ma félicité,
Grand prince qu'un amour extresme
Rend père de ma volupté,
Ou plutôt ma volupté mesme,
Ravy nos amoureux désirs,
Consomme les plus grands plaisirs
De ceste couche fortunée, etc.

BONTEMPS

Maintenant songeons à la table
Et à ce repas délectable ;
Vous, mes amys, mes confidens,
Allez faire affiler vos dens.
Que chacun grossisse son ventre
Et que la table entière y entre.....
Du vin tout par dessus la teste !

———

ne mêlez pas votre soupe avec celle d'une mauvaise femme. » V. *Anvelope* dans Lamonnoye.

Que les enfans de vos enfans
Viennent boire après deux cens ans
Ce que nous laisserons de reste !

1ᵉʳ BOURGUIGNON

Faison lai garre au genelay ;
Faison ronflay lou rateley !
Maulin maulô les écraimore
Pormy lé grille et lé ladore !

2ᵉ BOURGUIGNON

Qu'on épote de cé gran bro
Qui on dan lo vantre dé cro
Vou ay n'y ay ni fon, ni rive (1).

1ᵉʳ BOURGUIGNON

Say, say, dés hate qu'on evive (2) !
De cé fié et moitre poulô (3)

---

(1) Traduction : Qu'on apporte de ces grands brocs qui ont dans leurs ventres des trous où il n'y a ni fonds ni rives.

(2) Ce mot n'est pas très lisible ; en tout cas, il rime bien avec *rive*.

(3) Ces maîtres poulets qui s'écarquillent au soleil et font semblant qu'ils étouffent, qui font la roue et s'épanouissent sur quelque fumier, ce sont des dindons. On voit que Bréchillet usait de la périphrase descriptive longtemps avant l'école de Delille.

Qui s'écarquille au mirôlô (1)
Et qui fon quanse qu'ai l'étôfe,
Qui fon lay roue et qui s'épôfe
Si daigneman su un femay,
Qu'on lé vire (2) to lé premay !

2e BOURGUIGNON

Ay n'y ai fanne qui y téne :
Ay fau aito que no geléne (*poules*).
S'ébîmin dan dé po de ry.

1er BOURGUIGNON

Ay fau qu'ay l'y oo dé podry (*perdrix*)
Qui se prise tan su lay taule,
Quan on lo-z-émy su l'épaule
De groo parremande ladon (*lardons*).

2e BOURGUIGNON

Que lou pain blan meine l'odon !

1er BOURGUIGNON

Qu'ay l'y oo de cé gelínote
Et de cé petite bétote

---

(1) Mirôlô, le miroir ; ici, la face du soleil.
(2) *Virer*, c'est *tourner*, *faire tourner*. Qu'on fasse tourner sur les broches les Dindons tout les premiers.

Qu'on épote devé lou tar (*vers le tard*).
Emmaillôlé dedan dou lar :
Dé grive, dé quaine sauveige,
De cé oséa ay lon visaige (1)
Ay qui on fay pissé dou groo
Su dé loche an dé lochefroo.

2ᵉ BOURGUIGNON

Qu'on anfile dedan dé zate
De cé béte qui on si hate,
Qui on poû de demouré cor
Quan lé caingne corre aipré lor.

1ᵉʳ BOURGUIGNON

Qu'ay l'y oo dé coffre de pate,
De quey lé fillote se gaste,
Vou on anfreme dé pinjon
Qui fon dan lou gras le plonjon,
Vou ai fau que cé béte s'ausse
Por parre pié dedan lay sausse (2).

---

(1) Des oies et des bécasses, oiseaux au long bec, auxquels on fait pisser de la graisse sur des lèches de pain dans les lèchefrites.

(2) Jolie description des pâtés d'alors, dont raffolaient les fillettes. On y enfermait des pigeons

2ᵉ BOURGUIGNON

Ma, qui velon no épelay
Por loché aivô no lé play (1) ?

BONTEMPS

Premièrement que l'on invite
Les Nimphes qui sont la suite
Du prince... (la Paix, la Volupté, etc.).
Et pour les favoris des pots
Bacchus, etc.

2ᵉ BOURGUIGNON

Ne velé vo pa bén aito
Qu'on y épeule to lé fo,
Lé Suisse et tote lai meingnie (2) ?

BONTEMPS

Ouy ; amenez la compagnie.

───────

qui faisaient le plongeon dans la graisse, où il
fallait que ces bêtes se haussassent pour prendre
pied. Ce dernier trait est plaisant.

(1) Nous dirions en français : « Mais, qui invi-
ter au festin ? » Le vigneron est tout à fait comique en s'exprimant de cette sorte : « Mais, qui vou-
lons-nous appeler pour lécher avec nous les
plats ? »

(2) Toute la maisonnée, c'est-à-dire toute l'infanterie, qui accompagne la Mère Folle.

1ᵉʳ BOURGUIGNON

Lou capitaine si geuly (*joly*),
Ai qui Dey doin bon appety,
Seray ai lai téte dou role ;
Ay fau que note Meire-Folle
Seugue (*suive*) et méne to de ran
Tô sé compeire et sé pairan ;
Ay peu, por lay petite taule
Cé fo qui jaimoi ran n'évaule
Que dé bauloffre et dé zeproin
De quey ay peurisse lo groin
Si esbaudry, si équelay
Qu'on diroo qu'ay son déjaulay,
Tot éfauti, maingé de rogne,
Qui on dé zécu si tré dogne (1)
Qu'ay n'y oze potay lai mein
Que por lé bottre en parchemein.

2ᵉ BOURGUIGNON

Cé fô qui charge loz épaule
De cé fardéà si antraipaule,
Soley (*ceux-là*) qui rogne lô morcéà
Aifin de grandi lô mantéà,

———— .

(1) *Dogne*, à cause de la rime; régulièrement
c'est *daigne*, digne.

Et qui pote su loz écheigne (*échines*)
Lo tarre, lo prey et lo veigne (1)
Céfò, potou [*porteurs*] de jaiquillon
Que dévaule (*qui descendent*) su lo tailon ;
Solay qui, to lé jor, se carre
Su lé paivay et por lé carre (2),
Qui n'ote jaymoy lo covo (*chapeaux*) ·
Non pu que dé roy poirno (ou *por no*).

2ᵉ BOURGUIGNON

Ç'a que lé bono de cé béte
Son anraicinay dan lo téte.

BONTEMPS

Ils ne lèvent point leurs chappeaux
De peur d'éventer leurs cerveaux.

1ᵉʳ BOURGUIGNON

Cé fo roide comme dé guille
Quant ay chemeine por lay ville,
Qui ne son (3) que de devan hier

------

(1) Allusion à un fait historique bien connu.
(2) Les coins, les carrefours.—*Por no*, pour nous.
(3) Qui ne sont, sous-ent., *quelque chose*, que d'avant-hier.

Et sey (*et toutefois*) fon si tré-tan lé fier
De por din far vé lay charreire
Et que lo fanne allein darreire,
Irain putoo jeusqu'ay Pairy.

BONTEMPS

Ha, ha, ha ! j'en ay souvent ry !

2ᵉ BOURGUIGNON

Cé jeune fôlle, cé friquette,
Qui, por vonay de lay civette
Quan elle lon maingé lo so
Se fon bottre en lo potuso
De l'ambregry dan dé clisteire
Por déponaizy lo meiteire.

1ᵉʳ BOURGUIGNON

Cé fô, ma de cé moitre fo,
Si bon juou de paitifo
Et qui aivin velu éparre
Ay étre fo ay quatre quarre...

BONTEMPS

Là, compagnons, que tardons-nous ?
La table d'un visage doux
Ouvre ses bras et nous invite ;
Ne sentez-vous pas la marmite

Bouillir... etc.........

...Amis, ne différons pas ;

Allons, courons à ce repas.

CHICQUANEUR (1)

Paix-là, paix-là ! Je m'y oppose

Et d'aultant qu'en aultre clause

De vos interlocutions

Vous ne faictes point mentions

Ny ne comprenez la prattique, etc.

2ᵉ BOURGUIGNON

Hey ! qui a ce gatou de féte

Qui veut que lou dignay s'airéte ?

N'a-ce poin un de cé rejan,

De cé zésorfantou (*épouvanteurs*) de jan

Qui pote dé petites paule

Aivô quey lé deu mein ay paule ?

CHICQUANEUR

Donnez-moi acquiescement...

_____

(1) Aujourd'hui, ce rôle du Chicaneur paraît insipide en soi. Il sert de prétexte à la satire des gens de robe et d'école; c'est tout ce qu'il a de bon. A partir de ce personnage, nous abrégeons autant que possible la pièce qui se traîne dans des longueurs.

Ou bien, sans plus de reparties,
Je vous vays tous prendre à parties.

1er BOURGUIGNON

N'a-ce poin de cé bricolou
Aussi fin que lé gaibelou,
Et de cé baillou de varguainche (1)
Qui jue lo patie san reveinche,
De cé zépiou de décray,
Comme lé meito (*matous*) fon lé ray (*rats*)?

2e BOURGUIGNON

N'a-ce poin de cé jeune drole
Qui prene ay crame (2) dé pairole,
De çôlay (3) qui, le pu sovan,
Ne répote ran que dou van,
Qui retone (*reviennent*) de lo colleige
Aivô dé téte de lieige,
De cé invocar (*avocats*) por samblan ?

------

(1) Ce mot est composé de *Var* (vert) et de *gainche* (avance). V. ce dernier mot dans Lamon-noye.

(2) Mot incertain dans le texte.

(3) On voit que l'orthographe varie dans le même manuscrit : plus haut le mot *ceux-là* était écrit : *solay*. Les termes *bôttre*, *fô*, etc, sont avec accent, parfois ; d'autres fois sans accent.

1er BOURGUIGNON

De cé z-invocar de ferblan
A y qui on ay zeuché (1) ay couïtte
Loz équalitay dan dé bouïtte.

2e BOURGUIGNON

Ma, qu'éte vo, monsieu lou jan ?
Invocar, procurou, rejan ?

1er BOURGUIGNON

Morbey, no velay bé en pone !
Anfin c'a t'éne (2) téte ay cone.

Le chicquaneur réplique, mais nous passons ses sottes réponses.

1er BOURGUIGNON (3)

Barein (*boiriez*) vo bé jeusque ay lai lie ?
Mai foy, ce s'roo faire folie.

2e BOURGUIGNON

Dou trouble tiré zay (*et*) dou clair,
Laissé lou trouble por vo, clair (4).

---

(1) Ce mot est presque illisible. Le sens est as-
surément : « A qui on a mis (caché) en hâte les
qualités (c'est-à-dire les titres) dans des boîtes. »

(2) Enfin, c'est une tête à cornes.

(3) Les vignerons continuent leurs railleries
contre le Chicaneur.

(4) *Clair*, entendre *clerc*.

Je ne taton pa zéne gote
De ce vin vou on ne voy gote.

LE SOLDAT (1)

Comme le Chicaneur, le soldat parle français. Il dit qu'il veut être
de la fête ; il vante ses prouesses.

1er BOURGUIGNON

De qué pay vén ce Rôlan
Qui fay tan de son fiolan ?

BONTEMPS

Celui-ci le prend sur le ton même du soldat, et régale ce dernier
de compliments exagérés à dessein, mais tout à fait à la mesure
de son interlocuteur. C'est, dit il aux vignerons, c'est

Un chevalier de haut parage,
Moult preux, moult vaillant et moult sage

. . . .

A qui nul chevalier ressemble,
Car il est lui seul tout ensemble
Ogier, Olivier, Rodomon,
Et tous les quatre fils Aymon.

Le soldat se lance dans une tirade, dont voici le premier vers :

Je suis l'Alexandre des armes,

. . . .

(1) Le soldat fanfaron fait ici brusquement son
entrée en scène.

4

BONTEMPS

Le grand homme !

2ᵉ BOURGUIGNON

Lou brave jan !

CHICQUANEUR

Il mérite d'être sergent.

LE SOLDAT

Enfin, ma vertu sans seconde
Brave le ciel, la terre et l'onde !...

2ᵉ BOURGUIGNON

Ne fay-ty pa grullé l'anfar (1)
Quan ai l'ay son porpoin de far
Et qu'ey pote de cé gran chicle
Qui, tot ainsin qu'on fay lo cicle,
Croiche de si for moucheréà
Qu'ey fon dé potuy dan lai péà ?

Le soldat parle ici de son féroce appétit.

1ᵉʳ BOURGUIGNON

Gaire (*gare*) no poulle et no poussein !...

───────

(1) Ne fait-il pas trembler l'Enfer, quand il a son pourpoint de fer, et qu'il porte de ces grands fusils, etc.

2ᵉ BOURGUIGNON

N'évo poin aito (1) angolay
Jeusqu'é lesso de vo soulay?
'Vos aivé sovan, é me panse,
Potay voz haibi dan lay panse ;
To nun de feur (2) vétu dedan.
Por meu bottre an œuvre vo dan.

. . . .

1ᵉʳ BOURGUIGNON

Quey miracle! N'évé vo poin
Evaulay éto lou porpoin ?

Le soldat revient à ses exploits ; il a tenu tête à mille Grisons, etc.

1ᵉʳ BOURGUIGNON

Ma, quan voz aitin ai lai garre
Et qu'on baillo dé tapessarre (3),
Disé, n'aivin vo pa bé chau?

------

(1) Partout où il faut *aito* (aussi) le texte porte
aivo. — N'avez-vous point aussi englouti jusqu'aux
cordons de vos souliers ? dit le 2ᵉ Bourguignon.
La moquerie va *crescendo.*

(2) Vous avez souvent, je pense, porté vos ha-
bits dans votre panse (c'est-à-dire, vous les avez
vendus pour manger le produit de la vente); tout
nu en dehors, vêtu en dedans, afin de mieux
mettre en œuvre vos dents.

(3) Coups terribles, coups mortels.

2e BOURGUIGNON

Ne juein vo pa au bouchau (1) ?

Le soldat continue ses vantardises, comme s'il n'avait rien entendu. Les deux Bourguignons poursuivent leurs moqueries ; mais les vers n'ont rien de remarquable, à l'exception des deux que voici :

On voy pu sovan dé vorray (*des verrats*)
Vé dé fille que vé dé ray.

Mais, voici qu'une prise de becs a lieu entre le soldat et le Chicaneur. Bontemps s'interpose.

BONTEMPS

Tout beau, soldat de Triquenique,
Et vous aussi, monsieur Prattique, etc.

1er BOURGUIGNON

Procurô, gaire (*gare*) ton écheigne !

2e BOURGUIGNON

Ay fau que Bon-Tan soo bégreigne (*bien fâché*)
Por anvié (*envoyé*) cé paile guillo
S'ébrevay dedan lou saillo (*seau*) !

On fait la paix, et Bontemps commence une chanson dont voici le premier vers :

Que me donnerez-vous ?

LES BOURGUIGNONS

Ce que lou barro (*baril*) pisse.

---

(1) Ne jouiez-vous pas à cache-cache ? En d'autres termes : Ne vous cachiez-vous pas ?

TOUS, *en chœur*

Que lui donnerons-nous ?
— Ce que le baryl pisse ! etc.

1ᵉʳ BOURGUIGNON

Pu que *(puisque)* Bon-Tan veu bé qu'on dingne
Et qu'on desarre ley coroo,
Poton ly dou ju de lay vingne
Aifin qu'ay no baille dou roo.

Les chants recommencent.

2ᵉ BOURGUIGNON

Eproton dé vantre de Suisse,
Je lez ampliron to dou to *(tout à fait)* ;
J'évauleron jeusqué z-épisse
Et je ranvarseron lé po.

BONTEMPS *reprend*

Que me donnerez-vous ?

LES BOURGUIGNONS

Ce que le barro pisse.

LE SOLDAT

Moy, le pot.

LE CHICQUANEUR

Moy, l'épisse.

1ᵉʳ BOURGUIGNON

...Ma toy, peti épissay (1),
Regraibelou de coulvesay,
Que noz épote-tu por boire?
De lay presure dés écritoire?

Ici réponse plate du Chicaneur.

2e BOURGUIGNON

Qu'à-ce, mazeu, qui débaigole,
Ce vieu renadou de pairole?
Tu n'airé poin de no gaulon;
De feur (*dehors*); montre no té taulon.
(*Au soldat*). Tu en feré autan que lu.

LE SOLDAT

Moy, le dieu Mars en sa vaillance?

LE CHICQUANEUR

Moy, la Justice en sa balance?

LE SOLDAT

Moy, la Valeur?

LE CHICQUANEUR

Moy, le Sçavoir?

---

(1) Mais toi, l'homme aux épices.

CONTEMPS

Vous n'avez plus icy que voir.

LA BOURGOGNE

Prince, issu du sang de ce juste (1)
Que la déesse d'Equité
Dans la plus haute majesté
Choisit comme son temple auguste...

1er BOURGUIGNON, *s'adressant au prince*

Si vo passé por lay Rôllotte (2)
Qu'au gran jaimoy ai n'y oo crotte ;
Que no fanne en levan lo groin (*leur visage*)
Aivô lo z-anfan su lo soin (*sein*)
Disin qu'heurouze a lay norrice
De cet ainge de pairaidy,
Et ne rantrin qu'elle n'yn di
Pu de san (*cent*) foy : Dey lou benisse !

BONTEMPS

Que toujours je demeure icy, etc.

_____

(1) On avait surnommé Louis XIII le juste.
(2) Tout le monde connaît la rue de la Rou-
lotte à Dijon; c'était l'un des quartiers occupés
par les vignerons.

2ᵉ BOURGUIGNON

Que to cé z-escutou (1) de jan,
Que to cé diale de sorjan
S'enfuïn de devan cet ainge ;
Que lé jarbe dedan lai grainge,
Lé po, lé play, lé chandeley,
Sin (*soient*) en scurtay au rateley.

1ᵉʳ BOURGUIGNON

Qu'ay soo in jor é Cordeley (*Cordeliers*)
Au fin dessu, dan éne chaire,
Quan lai mainjoire (2) dé bon peire
Seray pleine dé troi métey.

2ᵉ BOURGUIGNON

Qu'en fin ay soo tojor contan !
(Qu')ay ne faise jaimoy peu tan (3),
Vou si queyque foy lou tan pisse
Aifin qu'ay beuve to son so

————

(1) *Exécuteurs*, je pense.
(2) La mangeoire, c'est-à-dire le réfectoire des
bons pères Cordeliers, plein des trois Etats, car
c'était là qu'on se réunissait pour certaines céré-
monies.
(3) *Peu tan*, mauvais temps. *Peu* signifie *laid*.

Et (1) ne soo que dou vin dousoo,
Vou bé du ju de rigolisse.

BONTEMPS

Que ce prince face l'amour
A la Bourgogne, ma maistresse,
Qu'il la baise, qu'il la caresse,
Et la possède quelque jour.

———

(1) Entendez : *Que ce ne soit que du vin doux,
ou bien du jus de réglisse.*

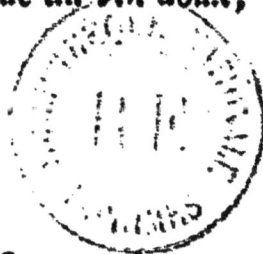

5

SPES · IN · LABORE
DARANTIERE

www.ingramcontent.com/pod-product-compliance
Lightning Source LLC
LaVergne TN
LVHW022134080426

835511LV00007B/1127